Marginales 329

Nuevos textos sagrados

Colección fundada por

Antoni Marí

Alfonso Alegre Heitzmann

HUESO EN ASTILLA

TUSQUETS
EDITORES

1.ª edición: noviembre de 2024

Diseño de la colección: Clotet-Tusquets
Diseño de la cubierta: BM

Tusquets Editores, S. A. – Av. Diagonal, 662-664 – 08034 Barcelona
www.tusquetseditores.com
ISBN: 978-84-1107-543-5
Depósito legal: B. 15.818-2024
Fotocomposición: Realización Tusquets Editores
Impresión y encuadernación: Limpergraf, S.L.
Impreso en España

ÍNDICE

Para Victoria y Cordelia

1
EL DÍA BLANCO

Todo lo que las palabras desertan
para alumbrar el vacío.

Yosef Taitazak

SUBNIVIUM

vive,
refugio,
latencia.
Irradia luz,
secreta primavera.
Pureza, el tiempo,
el manto de la nieve,
el mirlo que vendrá.

EL ANILLO

EN las palabras,
la superficie plata
de las aguas
tiembla;
sobre las aguas,
la superficie quieta
de las palabras,
ondas.

MEDIANOCHE

INCÓLUME,

vela
el rocío

en las plantas
del alfféizar.

ARRIATE

1

TIERRA,
arriate de flores,
latencia
de un callar
audible.

2

Callar
transparente,

el silencio canta,

miríadas de alas
en el cenit del sol,

fresco
esplendor

del ser
que escucha.

VIGILIA de la noche amaneciente,
sombra que aurora el cielo
y escarcha estrellas,
verbo del día blanco,
cuerpo sonoro del mundo.

LEZAMIANA

CON tu mirada por venero quebraste la cáscara celeste,
la cal desconchada, rocío tenaz, arañada caía por la uña,
hasta el yeso, el hueco, la aridez, el vacío blanco,
la gruta transparente de la Virgen, el *tokonoma* —ardían
calcinados los huesos del último sol.

EL DÍA BLANCO

Con Andréi Tarkovski

1

LAS palabras no obtienen respuesta y sin embargo ellas componen el plano sin fin de la imagen; el niño te escucha, articula su silencio con tu hablar; los árboles os ven pasar y desaparecer en el subir transparente de la cámara.

2

Conoce el sendero del agua,
el árbol espera su venir;

el peso que no le vence,
el agua que lleva,

el aire entre las ramas.

El árbol crece en el silencio de Dios.

3

El niño juega junto al árbol,
en el jardín de la escritura;
el tiempo en él es un instante de esperanza.
Le llamas, pero no te oye, te ve,
ve tu voz en el temblor apenas de las hojas,
lee el nombre que viene de la noche,
dibuja un árbol en el torso de tu cuerpo.
Y se adormece.

EL HILO, LA TROVA

TROVAR

el hilo,

hilandera
del aire,
golondrina,

hilar
la trova,

tejer la canción,
coser y cantar.

LA LETRA AUSENTE

A mi madre

NINGUNA letra del alefato la conocía, aunque todas, pacientes, la esperaban. No era esta o aquella, *alef* o *dalet, bet* o *zayin,* era la letra que no llegaba. Alguna vez, dicen que llegó, o que llegará, y que el concierto de las letras pudo así, podrá, componer una palabra. La palabra que es será cuando esa letra desconocida fue llegó.

(Escondida brilla entre las otras de esa palabra al fin.)

ORDET

DE la techumbre vuelan mariposas,
como pétalos que cayeran de la mano de Dios,
la ropa blanca, al viento, tendida
entre dos árboles, es el verbo del hombre,
riachuelos, charcos, espejean nubes, el azul;
vista así, en escorzo, el sol en las ventanas, las macetas,
la cabaña es un milagro de Dreyer.

UN UNIVERSO PASA

AL tacto puro de la luz la piedra despierta el sentir y un universo pasa, en una sucesión veloz de imágenes se dejan los sentidos llevar fuera del tiempo, borrosos fotogramas que arrastran tras de sí un espejismo efímero de risas y de planos entrevistos, no hay siquiera lugar para el adiós, todas las ventanas desfilan raudas, ingrávidos colores sin dentro ni fuera sin centro ni fondo, fugaz arcoíris de un eco del tiempo que el tacto ardiente alumbró en el ser.

VESTIGIO

EL ángel que las traía
siempre le decía: no.
Borraba los signos
antes de que llegara la palabra,
sufría de un decir que no era suyo.
¿O sí lo era?
Y letra a letra le negaba
cada nuevo vestigio de esperanza.

MIMBRE

Con David Huerta

NADA, lo blanco
Ilumina la senda
Entre los árboles;
Viene nadie o el viento
Enmudece en las ramas.

SIEMPRE la brisa
En el umbral del día
Nubes desplaza;
De tu ventana abierta
Alas nacen, miradas.

A David Huerta

NADIE en el páramo blanco,
Imagen de tu vacío,
Entras y sales de ti,
Vive la luz en sí misma,
Eres la nada, la nieve.

DONDE la luz
Arraiga en su misterio
Vimos tu nombre;
Ibas entre mimbreras,
Del Darro hacia la Alhambra.

LA UNIÓN

A Cordelia

LA imagen en sí misma
es signo y es sentido;

la casa, el patio —el cielo;
reflejos en la alberca,

las nubes entre búcaros;

y en las paredes, fijas,
las fotos en la sombra.

Imágenes que hablan
sin sujetarse al hilo

de siempre, aquel que narra
y borra, al mismo tiempo,

el tiempo, el tiempo mismo.

La cámara en tus manos
piensa su movimiento,

caminas por la casa,
ayer es hoy mañana,

los pasos de la imagen
alumbran otro tiempo,

reflejos en la alberca—

La Unión, signo y sentido.

LAS PIEDRAS

A Lisa Block de Behar

LAS piedras indican un camino,
una guía olvidada;
cada una de ellas irradia una órbita
que por el día calla y por la noche brilla.
Este es el reguero de piedrecillas del cuento,
síguelo y te conducirá a casa.

DE LA MANO IZQUIERDA EN UN INSTRUMENTO DE CUERDA

¿Y cómo esperar que digan, si cada día las palabras mueren en su vuelo? Afloran «raíz», «gozne», «oscuro», voces hermanas, pero no hay música, melodía, acorde o sintaxis que las una. No dicen; sueñan, acaso, un decir. El decir solo que el sueño sólo vislumbró. La articulación pura de la mano izquierda en un instrumento de cuerda.

ALTA GRACIA

(Don Manuel y el pequeño Ernesto)

LA mano que se abre al alba puede leer el tiempo,
bosques, constelaciones, prohibidos juegos.

Arranca el fruto, pero no rompas la rama;
si así lo haces, volverá tu infancia,
saltarás la cerca,
la inocencia viva pisará las piedras
frescas de la huerta ajena,
y el anciano eterno
sonreirá y alerta te dirá, de nuevo,
las mismas palabras:

¡Toma el durazno, mas cuida la rama!

HILANDERA

NO debería el pensamiento traicionar su recóndito venir. Quien dijo pienso, miente, la semilla que nace es un sonido constante y abismado que no alcanza la flor; la golondrina trae su canto, parloteo en los frescos umbrales del regreso del dios, el ser humano dice: «golondrina, hilandera del tiempo, *oreneta, hirondelle...*» y el negro azul y el blanco vuelan entre nidos, palabras, muros y alas que traen el pensamiento hasta la luz del hoy.

IDA Y LA CALANDRIA

De una foto de Amparo Rama

IDA —la calandria
se ha posado en su mano,
el tiempo de su vuelo
la inocencia conquista
en un solo reposo;
es de dos el encanto,
recogido en sus alas,
musical en sus dedos,
pianísimo gesto.

UNTER DEN LINDEN

Para Jesús y Mareike

TRADUZCO un texto del tiempo,
fulge el lugar en el siempre;

bajo los tilos, el sol,
centellea entre las hojas;

ecos en el suelo fresco,

voces amigas
timbran las sombras.

LA LLUVIA

Los pájaros sienten el venir de la lluvia
cuando nosotros sólo la anhelamos;
las gotas que resbalan por sus alas
son la natural constatación.
Nada interrumpe nada, es un camino
infinitamente presentido,
infinitamente incierto;
todo es lluvia, nubes, sol,
alas, canto y luz, espejeantes.

MASORETAS

ALTAS las nubes,
solombra
en la página,
carbón de signos ígneos,
briznas, comas,
balsas, acentos, iris.
Por aquí el camino,
masoretas celestes.

MIRLO

DIRIME el verbo del sol,
delirio de la noche que amanece,
el trino, así lo oyes y no entiendes
qué muro se interpone;
y el mirlo en la baranda
te dice ¿por qué esperas,
por qué miras, y piensas y aún no sabes?
Ser mirlo es otro mundo,
es un cantar que nombre obtuvo
tan lejos de las letras de ahora mismo,
tan ahora de letras, mirlo mismo,
delirio de la noche, verbo y trino
de tierra y de color, arcilla y mirlo,
pico y negro.

POPULUS ALBA

Para Aurelio Major

CONSTRUYES
el estar
de un árbol
que te viviera,
Populus alba,
ausente
de ti;
en el tronco,
hendidos,
signos,
negro
en la luna
de la corteza;
en las ramas,
altas,
el verde y el plata
de las hojas
que aletean

son del agua.

UNA SÍLABA SOL

SOL, fue tierra, semilla, trigo;
para el ser humano
un solo sol en tres letras,
una sílaba sol, tan sólo, pan.
Dorado abríamos el día,
partíamos el pan, el sol nacía.

UTANAPISHTIM

D'altri diluvi una colomba ascolto
GIUSEPPE UNGARETTI

HIERE la luz del cielo en su mejilla,
fulge la superficie de las aguas,
llora mientras contempla, se arrodilla.
Toda la humanidad es pura nada,
nada ni nadie sabe que alguien mira,
génesis de otro mundo la mirada.
Chapotea el silencio en la mañana,
leves las ondas golpean el arca.
Una paloma, rauda de su mano
corta el espacio, brisa la esperanza.
Del árbol donde nace el universo
la primavera brota en una rama.

CLEPSIDRA

1

EL caer de las letras al alba
es un rumor casi inaudible,

apenas un oír se ve,
un no ver se oye,

un arder inmaterial,

un descender
casi ingrávido,

sin destino,

clepsidra de luz.

2

GOTAS
el sol,

rocío,

clepsidra
el ver,

cristales,

amaneciente.

PRINCIPIO Y FIN

LA canción es un paréntesis,
sólo en ella la duración es instante,
cúpula,
          iris,
                espejismo,
principio y fin,
melodía y acorde del silencio.

RETORNO

DARLE
la vuelta
al tiempo
reloj
de
arena
(el
sol)
nadir
del
cielo

MONTE de sombra,
grávida noche,
astro en su adentro.
Umbría lumbre,
sol contenido,
monte que al alba
alumbra
el blanco,
el blanco día.

2
LABDÁCIDAS

Hueso en astilla, en él carne molida.

Francisco de Aldana

EL tiempo es un templo olvidado que la luz aún recorre.

CADA palabra es una huella de lo que una vez estuvo.

BRIZNAS de hierba, en el páramo el viento, razón de nadie.

NO hay pies sin clavos.

EL hilo era finísimo, la mano no avanzaba; el peso era el dolor.

LA VOZ que te llama, la voz amada, llega de fuera de la ciudad, tras las murallas, desterrada; sólo allí concibes la vida, al otro lado, donde habita, abismada en sí misma, inocente, la incomprensión.

ANTÍGONA era, a un tiempo, Etéocles y Polinices; no había dentro ni fuera, los muros de Tebas eran sólo el símbolo de una ciudadela que nunca existió. Su amor moraba en un desierto, en un páramo infinito.

Antígona era una hoguera, y en la linde, en la sombra ardiente del fuego, descansaban los túmulos, las tumbas de sus dos hermanos, junto al resplandor último del peregrinar de un ciego.

EL chillido de la golondrina en el azul es la señal milenaria de un misterio, un regreso imposible, un milagro.

OÍR el sol en la llanura,
la sombra entre las piedras.

Los pies de tu sombra
sonora en las piedras,

el ruido del sol.

EDIPO ANTE SÍ

A Carlos García Gual

EDIPO
¿Y qué dolencia tenía yo cuando me recogiste en tus manos?
MENSAJERO
Las articulaciones de tus pies te lo podrán atestiguar.
EDIPO
¡Ay! ¿Para qué mencionas esta antigua desgracia?

1

LOS pies hinchados
(el derecho dañado, el izquierdo herido);
el sufrimiento camina huyendo.
Parar aquí.
Abrir los ojos al dolor.

2

UNA cruz de tinta
en el costado,
un hueco en otro hueco,
omphalos, encrucijada;
un sol ciego para no verte
(fíbulas de mi destino),
Citerón, para matarte,
sin ver ni saber nada.
Moira, madre, esfinge —luz negra.

3

La palabra olvida,
Antígona, golondrina,
vuelve,
reconoce
los umbrales,
las salas transparentes
en tu vuelo.

Y CON QUEDAR PARTIRSE

LA sangre
no fluye,
gotea
como el pulso
exacto
de un reloj
atado a su esfera.
Cortaste las venas azules
y el tiempo al fin hendió el universo.

(E. H. in memoriam)

LÁGRIMA DE LA MONTAÑA ETERNA

A Antonio García Bascón

Mi corazón reposa junto a la fuente fría
FEDERICO GARCÍA LORCA

DURANTE mucho tiempo buscamos el lugar, pero al llegar a él nos quedamos en la orilla, en el ahí mismo de la herida, demasiado torpes los sentidos que nítidos marcaban la invisible linde. El ruiseñor era el hondo trino de su nombre; la piedra, un tacto leve, insondable; la hierba, toda la apagada frescura del color del día. La brisa trajo entonces un rumor de agua, acequias del temblor de la voz espejada, lágrima de la montaña eterna, fuente de noche oscura para ninguna humanidad aún.

TÚ y yo, ahora, Antonio, lo sabemos, el canto brota allí de una lágrima de elipses, de un triángulo de estrellas; cifra dolor, sílaba de agua viva de la montaña abismada sobre planicies infinitas, coma fresca labrada con ladrillos de musgo, fuente fría, manantial de todo origen. Una golondrina duerme entre los juncos del agosto agónico; sacrificio oculto, cuerpo hendido para siempre en cada signo de una escritura indescifrable.

LUNA DEL AGUA

CADA onda, un anillo,
un anillo de agua,

cada anillo es un año
en el tronco del alba,

cada año es un círculo,
cada círculo un mundo,

cada mundo una esfera,
cada esfera es un cielo.

Es un cielo la nada
en la luna del agua.

HUESO EN ASTILLA

Plegaria de Cosme de Aldana

TÚ que has visto, Señor, el pájaro aleteando insomne hacia un techo lunar, la soledad del número pi en una tierra sin árboles, la caridad envuelta cada noche en papel de celofán, las nubes altas coloreadas sobre el patio de butacas, las cabezas calvas mojadas por el sudor del gallinero, el inspector de Hacienda tapiando las últimas ventanas, el *spot* publicitario de las mariposas extintas, los niños aprendiendo fracciones equivalentes en la luz marciana de las aulas, las viejitas de negro junto a la iglesia derruida, el hondo grito del luto, los cristales, la soledad rota de los santiguados a boca de cañón, la Virgen llevada en andas por las arenas de Alcazarquivir, rastro de imagen dulce, sombra de muerte, humo de azufre, hueso en astilla, en él carne molida; rastros de humor sangriento del divino capitán. ¡Oh, Señor!, dime, ¿eres sólo sombra, sombra, muerte y olvido?

LA SOMBRA DEL VOLCÁN

AL atardecer, el viento amainó y nos trajo la sombra del volcán.

La dulce sombra bajaba mansamente la montaña, sonámbulos la recibíamos en el fresco más hondo del día; amaba el descender, tocaba imperceptible, en sí llevaba; el respirar del aire colmaba el gran vacío.

La sombra nos bajaba, ya en su vuelo, hacia el astro creciente de la noche.

(Sueño de Vicente Rojo)

OSCURO

OSCURO
desciende
en sí,
oscuro.

Oscuro
aurora
la noche,
sube
a lo hondo,
oscuro.

Oscuro
amanece,
solombra
la luz
oscura,
oscuro.

Oscuro,
el alba
alumbra,
blanco
el día
naciente,
oscuro.

Oscuro
creciente,
creciente
de noche,
asciende
en sí
el sol,
oscuro.

NI sueño sucesivo
ni largo deterioro,
el vuelo de la luz;
los ojos de una anciana,
su dulce parpadeo,
lacrimal cansado,
contemplación del todo.
Sonrisa —estás aquí.

LA CASA QUE AMANECE

HAY otra noche en la noche, otro estar en el ser, otro caer en la muerte, otro tacto el del agua, otro beber. Mañana; el tomillo está en flor, las nubes lo perciben y lo tocan, sombras, al pasar; la yedra que crece en el brocal del pozo lo sabe, y una hilera de hormigas en el muro camina en la eternidad. La casa, la casa que amanece, la casa donde ahora mismo escribo es, *en el encuentro de la tierra y el agua, un fruto que germina con la luz*. Sí, estoy en la casa, Ángel, en la orilla secreta donde fuimos, donde seremos, un día, en la mañana del tiempo.

(Con Ángel Campos Pámpano)

VUELO, lumbre del otoño,
eso era el tiempo,
las hojas al tú mirarlas.
Las hojas eran el ver,
el ver te hablaba,
te diluía en el ir que no llevaba,
te desleía en el invisible donde
que preguntaba en el ir.
¿Dónde su en sí que no llevaba,
dónde el hablar que no decía,
dónde tu ver que dice dónde?

(Luz de Hermínio Monteiro)

ANTES de más dolor por tanta ausencia,
cavar en el hálito la permanencia,
«por amor de la mano que nos lleva».

LAS LENGUAS DE KALI

Para Subhro y Bhaswati

EL tiempo se extiende en la página, la tierra en el papel, vidrios en añicos, flores, signos de la herrumbre, carteles, bultos en las aceras, amarillas las gandas, los taxis; el tiempo prende el asfalto, la chatarra, los cláxones, los colores tullidos del óxido, la cabra degollada, el templo, cuchillos de Kali, la sangre, el rito, los gritos, rojas las lenguas, babel; hoteles británicos, alas, ojos, acacias (la acacia comprende), los pies, el aceite, el hilo, el alambre, las letras, ramajes, fragancia del árbol del dios; los parques, los pavos reales silvestres, estanques, carontes del tiempo en el límite, basuras del sol.

(Calcuta, magh, 1412)

PALABRAS DE TOBÍAS

HAY un ir y venir febril e incesante; tú le ofreces pan, ella a ti un objeto manufacturado, tú le das de beber, ella escarba entre cuchillos buscando el ser, su sangre última, olvidada, tú crees en la bendición, ella sujeta tu mano y te dice que mientes, que no llevas en ti el pan que le ofreces, que no nombras el dolor, que el agua no es agua, que sólo existe una superficie laminada que nos rodea, que Dios vivía en un establo donde no había metales, sólo madera y heno, luz sagrada y animal, al calor de una madre virgen, viva y eterna.

EL TRAGALUZ

Y nadie te dirá ya «mira el vuelo de las garzas sobre las marismas», la muerte no vive en los umbrales de la casa, ni en la luz gastada de las bujías, la muerte está en ti, disfrazada de otra que no es. Rompió la claraboya de dios padre y cayó, cristo en cristales, hecho añicos; monaguillos del aire, las campanas, santo, santo, santo, repicaban... Mirábamos las altas nubes de la noche, brincábamos la luna blanca en los tejados y nos tragó la luz y el pozo del teatro de la muerte.

SÓLO al niño se le revela en su juego el alma ultravioleta de las hormigas en hilera, la dulce eternidad del ácido fórmico que abunda en las nubes interestelares y, un claro segundo, en su boca. ¿Qué horrible quemazón le arrebata más tarde el sentido y le condena a la triste taxonomía de los insectos himenópteros, al cuento y recuento de las muertes, a la inmortalidad numerable en brillantes pizarras de hule o en innúmeras pantallas portátiles de miriápodos ciempiés?

3
DÉCIMA LUZ

¡Oh cristalina fuente!

San Juan de la Cruz

VASO del agua del cielo,
espejo de una mirada,
superficie plateada
donde buscas el consuelo.
¿Qué cenit en este suelo,
qué nadir sueña tu altura?
Transparente es la ventura
que refleja el agua al ver
que tus labios al beber
beben el cielo en su hondura.

A Antonio Gamoneda

CORPOREIDAD invisible,
blancura la transparencia,
luz que yace en la latencia
de una página inasible;
aurora de lo sensible
que ahora quiere concretarse
letra a letra, hasta alumbrarse
entre signos el rumor
que hace el silencio fulgor,
vacío donde espejarse.

TODO el aire del volar
en el aire del papel,
trazos negros de un pincel,
rastros de un viejo cantar;
al blanco vienen posar
pájaros de un tiempo ido,
y huellas de otro sentido
dejan en el blanco cielo,
dibujos para el consuelo
de quien sabe qué ha perdido.

ALBA

A Francisco Calvo Serraller

AL alba todo te espera,
blanca la luz de tu frente,
umbral sagrado, la fuente,
del puro pensar la esfera.
Lugar que el canto quisiera
trovar, ausencia sensible
que dejas en lo invisible
del día que tanto amaste.
Que el alba en que te miraste
te vuelva en lo inteligible.

A Jean Gabriel Cosculluela

HAY otro tiempo en la vida,
un sentir que nadie sabe,
un pensar donde no cabe
el ser que en todo es medida.
Hay otro tiempo en la herida
del vivir, mas no sabemos
que el dolor que no entendemos
cava muy adentro su abismo
y abre ahí, en su fondo mismo,
el tiempo en el que seremos.

A Margarita Sabartés

OSCURA belleza oscura,
entrabas en tu jardín,
abismo al cielo sin fin,
hondo secreto en la altura;
habitabas la hermosura
de quien vive en dios inmerso,
del que es uno y es diverso
entre las plantas que cuida,
e hilaste así la salida
al jardín del universo.

...quasi solis umbra
SEBASTIÁN DE COVARRUBIAS

DICES luz y alumbras sombra,
eco de un sol que te enciende,
claro rumor que comprende
todas las cosas que nombra;
una palabra, *solombra,*
prendió todo el alfabeto
y de este modo el sujeto
descubrió que, al alba, el día
siempre la sombra sería
de un sol ya nunca incompleto.

LA CASA

de Rosa Rissech

LA bóveda que nos cubre
es el cielo de la casa,
alto cielo, sobrepasa
lo que la apariencia encubre;
refugio que nos descubre
la inmensidad entrañada,
la intimidad asombrada
bajo una bóveda astral,
que un interior ancestral
alumbra en su blanca nada.

DÍAS QUE SERÁN

A Juan Carlos Marset

NO quieres llamar futuro
a un tiempo desconocido,
y anhelas lo porvivido,
sombras del fuego en el muro;
a nada llamas seguro
de lo que nombran las gentes
y, sin embargo, presientes
que arde otro tiempo en la lumbre,
y cantas la incertidumbre
de ayer mañanas presentes.

DÉCIMA luz en que escribe,
del venir de la mañana
un temblor en la ventana,
transparencia en la que vive,
una sombra que recibe
cuando ya no espera nada,
y apenas sin ser notada
diez de diez décima sube
y se deslíe en la nube
de una palabra callada.

4
TINTA Y PINCELES

No repararíamos en flor tan pequeña,
salvo porque en silencio trae
el breve jardín que perdimos
de regreso al césped.

EMILY DICKINSON

Para viajar debería bastarnos sólo
con nuestro cuerpo; pero las noches
reclaman un abrigo; la lluvia, una
capa; el baño, un traje limpio; el
pensamiento, tinta y pinceles.

MATSUO BASHŌ

I

PINTAR el milagro,
fresco de nubes
sobre la cal.

PASEA el sol en el cielo tu sombra en la tierra.

EL aire venía,
bebía en sus labios
el agua en el aire.

TIERRA de la noche,
el alba, la sombra,
el verbo del sol.

TRAS el otoño,
la nada pisa
pasos de adviento.

EL árbol
movía
        tu mirar
el árbol.

NEGRO-VID,
para los troncos,
las líneas
quietas
de este
sarmiento.

SE impone el blanco en la noche;
la cal —el fuego de su quietud.
El son del mundo en esta pared callada.

LA cal es la materia blanca de la luz.

EL verso del poema
raya en el horizonte
sólo una línea.

EL blanco es muro y es umbral,
es nada y abre lo infinito.

LÍNEA en lo blanco,
el verso alumbra,
página, el tiempo.

ANOCHECER,
los colores
caen
con la sombra
que los contiene.

CENIZAS
grises
restos
rastros
del cuerpo
entrañado
del sol.

BEBEMOS el agua de otra sed,
oímos los pasos de otra nieve,

deletreamos la palabra *caminar,*
construimos un fue que será ahora.

Hojas del árbol que tiemblan el ser.

Hablamos otra luz, esta que sube.
Lo sabe el tiempo.

LA VOZ ENTRE LAS HOJAS

LA canción está en el aire,
la fruta en el árbol,

transparente el sol,
toca su aspereza,

la voz entre las hojas,

la fruta, el canto del sol.

PIEDRAS

UNA a una las piedras en la tierra,
están ahí y nadie las numera,
son piedras y son breves, ¿son pequeñas?
Desorden mineral de las estrellas.

TANTEAR la noche, ceguera.
Del libro del cielo,
hojear de las páginas.

ROCÍO sobre la grava,
espejo de estrellas piedras
a través del agua.

A Cordelia

ALBA de tu mirar;
duele ver
que ves
el sueño del tiempo
entrañado en mis ojos.

LA nube se hace niebla para tocar tus pies.

ADVIENTO,
ramaje
del árbol
de estrellas.

HONDO
en la noche,
el verbo
amaneciente
del sol.

EL pájaro canta,
esdrújula el trino,
el canto del pájaro.

LA hoja
del árbol
substancia
la sintaxis
infinita
del caer.

DE la página
el viento,

del viento
la espiga,

de la espiga
el cielo.

De la página el sol.

Cesa, calla, reposa, vive
José Martí

RESPIRAS.
Entre las ramas
el aire
construye
tu vacío.

UNA escucha infinita es la orilla del sueño.

NADA y nadie nos alumbran.

ABIERTA a un no entender la brisa mueve
la rama ante el cristal de la ventana.
Así comienza el día, la mañana,
invierno transparente de la nieve;

silencio que despierta la más leve
llamada de la luz, que alumbra y sana
la herida de la noche donde mana
la conciencia que sufre y no se atreve.

¿Cómo ser lo sensible que ahora llama,
la sola luz del tacto en el cristal,
si la razón desvela y te desama?

Sueñas, sientes, percibes lo real
tangible en el golpeo de la rama,
albor sonoro, ofrenda matinal.

EN la terraza los tres arcos blancos
simulan y señalan
la cúpula del cielo
azul —también el mar
comparte el hondo espacio;
una línea deslíe dos azules,
uno, nadir, resuena y sube,
otro, cenit, esfera transparencia.

HOJAS acuchilladas,
Fontana juega
en las páginas.

SOL en el mar,
las olas reverberan—
fresca ceguera.

ESCALA
del
cielo,

Jacob
transparente,

peldaños
del sol.

LAS nubes son la altura
y el símbolo de la altura,
el fresco y el milagro.

DELETREAS *sombra*
y en las letras prende
el sol del nombrar.

ÁRBOL,
trama
de ramas,
de
luz
vacío.

EL tiempo comba
(súbito iris)
una canción.

LAS estrellas, las tejas, las piedras.

EL tiempo en las esferas,
los signos en tu mano,
el fresco de la hierba.

LA inmensidad de la noche
entrañada en el ser.
La inmensidad del ser
entrañada en la noche.

II

PINTABA
en la cal
el tacto fresco
de la luz.

SOMBRAS en el muro,
blanco carbón —rumor,
el tiempo escribe.

OÍR

la noche
en el alba,
el alba
en la aurora,
la aurora
en el sol,

el sol
en el canto,
el pájaro
único,
el canto
en el todo,

la noche
en el día,

el dentro
anterior.

ESTA luz
no es la de la palabra,
tocamos el fulgor,
mas se tiznan de negro
los dedos que la forman
cuando escriben el blanco
(la *z* es de jazmín),
y el aroma
en la noche
de la página
es *luz*.

MIRLO,
cuerpo de noche,
canto del alba,
pico en el sol.

PASOS
que
pisan
la luz
blanca
los arcos
del claustro
dibujan
eco a eco
la oración
hacia
arriba
la cal
(¡azul!)
marco
del cielo

(Convento de San José, Puerto Rico)

LUNA
piedra
porosa
sobre
la mesa.
Noche
conciencia
que las hermana.

MAÑANA

1

EN la terraza del tiempo,
una mañana.

*

Mañana
en la terraza,
mañana.

*

Mañana de ayer,
terraza del hoy,
mañana.

2

MAÑANA,
en la terraza del tiempo
reverberan las aguas,
respiran,
resaca en la arena,
las piedras, las algas;
arrastran las aguas
el eco del sol;
el fresco
del sol,
en las aguas,
resuenan
las piedras, las algas, resaca.

*

Terraza del tiempo,
mañana
del hoy,

mañana.

EL cielo estrellado,
bajo tus pies la grava,
la inmensidad se entraña.

CAE la luz hasta el vacío,
adviento late en la nada
donde la esperanza nace.

TRANSCURRIR en el estar,
en el caer infinito
de lo impermanente.

«LA DEL ALBA SERÍA…»

ENVOLVENTE el vacío de la página,
blanca nada que nace con el alba,
en la escarcha que pisan sombras blancas
vienen astros que anhelan ser palabra;

la primera que alumbra es alborada,
nueve cifras más tarde, madrugada;
luego aurora tercera hora dorada
y una sílaba sol trae la mañana.

Canta el día, los pájaros y el agua,
transparente entre letras espejadas,
rumorea sin fin la liberada
corriente de palabras en la página.

5
SEMILLAS EN LO OSCURO

Vive en lo hondo de las cosas la frescura más amada.

GERARD MANLEY HOPKINS

EN el camino, de vuelta a casa, hay un pisar concreto que pide silencio a la voz que susurra «ya casi no hay luz»; cae la noche, caminamos de nuevo, y el ruido preciso de nuestros pasos en la grava nos alumbra.

(A Berta)

APENAS hablamos, parecería; y, sin embargo, las palabras caen entre nosotros, calladas, como semillas en lo oscuro.

EL fondo invisible que a todo subyace vibra en el mínimo temblor de una brizna de hierba.

DECIR *aquí* es decir *tiempo*. Ayer, hoy, mañana: aquí — pero el lugar aún duerme.

PÁRAMO; un espacio sin refugio y, sin embargo, un vacío todo umbral.

BRUMA; vino del fondo de la noche y envolvió el árbol de ramas desnudas. Nada más había, árbol de invierno iluminado por la bruma.

DESPERTASTE en la esperanza; las nubes percibían tu mirada; la grava, tus pasos.

HABLAMOS para hacer sensible la inteligibilidad del silencio.

ALMENDRA, corazón del tiempo.

LAS hojas de los árboles no tiemblan en un tiempo determinado, la *continuidad* no está en ellas, ni en ti, que las miras; hay un tercero que quiere alejarte, y que cuenta tus pasos.

UN vaso de agua, transparencia, quietud y fluir infinitos, ¿qué bebes?

UN camino de estrellas nos envuelve, un sendero oscuro y luminoso cuyo destino está en sí; nos flanquean árboles en la misteriosa orilla, miran y siguen nuestro pasar, brillan los astros entre el aleteo frío de las hojas. ¿Hacia dónde vamos? Somos presencias, como ellos, en el sendero lácteo que en la noche nos lleva y nos diluye, en esta esfera, en estos campos azules.

(A Victoria)

LA rosa no miente, no transcurre.

EN el camino de lo imposible las ramas se estremecen, perciben la consonancia del cuerpo que se abre a la interior transparencia del aire.

HABITAS el lugar que cura; desde su fondo, la sombra amiga te construye, te invita a aprender, a abrir las manos y a respirar en el lugar bendecido.

(A Àngels)

EL curso del sueño lo trazan las nubes, su adentro en las aguas, en los ojos de la conciencia; ¿quién camina por el sendero de la montaña, quién pregunta y quién desaparece? Mas los pasos despiertan el silencio concreto de la grava.

EN el libro arde el ser, la ausencia lee.

MORIR bajo un árbol amigo; plenitud de la sombra.

ARRASTRA el mundo tu cuerpo, como la resaca del mar las piedras; los niños, extáticos entre dos soles, juegan al día y a la noche, a la noche y al día; no perciben tu adiós, la vida los envuelve en el solo y propio logos de una playa eterna.

VENCER al falso estar, aquel que todo lo agosta; vivir es otra presencia; hay seres que aún lo saben, como ecos de un invisible que nos sueña.

EL tiempo cae en su adentro, como la lluvia en la tierra, como las hojas de los árboles en su sueño infinito —regazo que nos llama, que en sí nos sume.

CON el hálito tocar el agua, el río que en lo hondo subyace y discurre; alentar la nada última, la llama sobre el agua fría.

EN el lugar del tiempo las nubes aún no eran nubes, vivían en la espera de un nombrar, tampoco la niebla era, la palabraniebla no existía, caminábamos en la palabranada, en su incertidumbre viva.

EL SUEÑO DE JACOB

HORIZONTAL Jacob sobre la piedra,
la cabeza apoyada en esa almohada,
una escala de ángeles soñaba
que del cielo bajaban a la tierra;

la piedra era en su centro y convocaba
el sueño que es vigilia sueño siendo,
esfera donde el ser y el universo
son parte y todo de una sola nada;

vigilia de la noche iluminada,
al alba despertó Jacob del sueño
y el mundo comprendió: su luz sagrada;

y piedra a piedra alza desde el suelo
(tacto y color, sonido en la mañana)
un breve altar de piedras hacia el cielo.

Colección Marginales

311 Tiempo sin claves
Ida Vitale

312 Donde muere la muerte
Francisco Brines

313 Los daños
Lorenzo Oliván

314 Los planetas fantasma
Rosa Berbel

315 Soñar con bicicletas
Ángeles Mora

316 Un año y tres meses
Luis García Montero

317 Al borde
José Corredor-Matheos

318 Sobre el azar del mapa
Álvaro Valverde

319 Euforia
Carlos Marzal

320 Poesía reunida
Francisco Ferrer Lerín

321 El sueño cumplido
Eloy Sánchez Rosillo

322 Deseo de realidad
Miguel Casado

323 Sinfonía corporal
Poesía reunida
Fernando Aramburu

324 Préstame tu voz
Lola Mascarell

325 Quién anda aquí
Poesía reunida (1982-2024)
Ángeles Mora

326. Almudena
Luis García Montero

327 Poesía completa
(1988-2022)
Chantal Maillard

328 Frío Polar
Isabel Bono

329 Hueso en astilla
Alfonso Alegre